AF224716

SOUVENIRS

SUR

L'Abbé D'OLIVET

DE L'ACADÉMIE FRANÇAISE

1682-1768

PAR

Max CLAUDET

---

80 centimes

SALINS

DUVERNOIS, LIBRAIRE.

—

1878

SOUVENIRS

—

L'Abbé D'OLIVET

ARBOIS, IMPRIMERIE D'EMIR JAVEL.

SOUVENIRS

SUR

L'ABBÉ D'OLIVET

DE L'ACADÉMIE FRANÇAISE

1682-1768

PAR

Max CLAUDET.

SALINS

DUVERNOIS, LIBRAIRE.

1878

L'ABBÉ D'OLIVET

En 1682, huit ans après la conquête de la
Franche-Comté, Salins était une ville impor-
tante par ses salines, ses corporations, sa
garnison, ses couvents. Sa position était des
plus pittoresques et lui donnait un cachet tout
particulier ; aussi le voyageur qui arrivait par
la route de Besançon, descendant le *Mont de
Simon*, était-il frappé de ce qu'il voyait ; la
ville s'étageait sur la montagne avec ses nom-
breux clochers et ses maisons couvertes en
bois ; pour fermer l'horizon, les montagnes
de Belin et de St-André, où les Français tra-
vaillaient avec rage, sous les ordres de Vau-
ban, pour construire deux forts.

On arrivait bientôt aux remparts de la ville :
c'étaient de grandes murailles bosselées,
défendues par des fossés assez profonds,

la route suivait un talus et par un contour entrait par la porte *Malpertuis* ; on passait sur le
pont-levis et on arrivait en face de deux ma-
gnifiques tours, reliées par un mur où était
percée une porte basse, fermée la nuit par
deux portes bardées de fer ; on apercevait
les pointes menaçantes de la herse. Un sol-
dat français se promenait, le mousquet sur
l'épaule, pendant que ses camarades dor-
maient ou jouaient au poste : sur la droite
des deux tours, on en voyait une troisième
encore pleine du souvenir du capitaine La-
cuzon, car c'était là qu'il était renfermé pendant le siége de la ville et qu'il canonnait les
Français.

Après avoir bien examiné cette belle porte,
on entrait dans Salins. La rue qui s'ouvrait
devant vous en montant du côté de la
ville était des plus pittoresques, étroite et
mal alignée, les maisons construites à l'an-
cien style étaient des plus curieuses ; quel-
ques-unes, comme de bons bourgeois retirés
des affaires, prenaient du ventre ; les autres
surplombaient, et leurs voisines comme
effrayées se retiraient de l'alignement. On
voyait des petites boutiques basses, mal
éclairées ; par les portes entr'ouvertes, on
apercevait des escaliers en colimaçon ; la rue
était encombrée de cuves, de tonneaux, car
c'était le quartier des vignerons, *Le Malachin*.

On trouvait sur la gauche une fontaine, et
par derrière, un escalier qui montait à l'église
de St-Maurice ; en continuant, on arrivait bien-

tôt à la bifurcation de deux rues. Là, habitait M. Nicolas d'Olivet, conseiller au parlement de Besançon, marié le 29 avril 1680 à Mlle Henriette Thoulier. De ce mariage naquirent deux enfants ; nous ne parlerons que de Joseph, né en 1682. Son père était un homme érudit, aimant les lettres, comme les aimait autrefois l'ancienne magistrature ; aussi prit-il soin de son enfant en commençant son éducation. Le destinant aux ordres, il le mit au collège des jésuites de Salins ; ces derniers s'aperçurent des grandes dispositions du jeune d'Olivet ; en gens habiles, ils favorisèrent et poussèrent activement ses études, pensant bien que cet enfant leur ferait plus tard grand honneur.

D'Olivet voulant plaire à un de ses oncles, qu'il avait au collège, prit le nom de Thoulier qu'il garda jusqu'au moment où il quitta la Compagnie.

En 1700, il fut envoyé au collège de Reims où il fit la connaissance de dom *Mabillon* et de *Maucroix* qui prirent ce jeune homme en belle amitié ; voulant faire sa théologie, il vint à Paris où il eut le bonheur de faire connaissance du grand *Boileau*, lequel lui inspira ce goût pour les anciens qui ne le quitta plus.

D'Olivet eut un moment de velléités poétiques ; mais en homme de jugement, il s'aperçut bientôt qu'il faisait fausse route et brûla ses œuvres. Il se crut une vocation pour la chaire, il travailla fort ses sermons sur *Cicéron* ; à force de lire ce grand homme, il se prit d'une admiration sans limite pour ses œuvres.

Les jésuites qui le suivaient toujours et qui appréciaient ses succès, pensèrent à lui pour continuer l'histoire de la Société; ils l'envoyèrent donc à Rome en 1713, recommandé au père *Jouvance* qui devait lui remettre tous les documents nécessaires pour terminer l'histoire. D'Olivet fut effrayé de la tâche, et pensa que l'énorme travail qu'on allait lui donner l'obligeait à quitter ses chères études, il se retira de la Société. Les jésuites, voyant leur proie leur échapper, employèrent tous les moyens pour le retenir ; ils allèrent jusqu'à lui offrir la place d'instituteur du prince des Asturies. D'Olivet fut inexorable, il préféra sa liberté et une vie obscure lui permettant de se livrer à ses goûts.

En 1710, d'Olivet avait déjà publié, sous l'anonyme, dans les œuvres posthumes de *Maucroix*, une traduction des *Philippiques* de Démosthène et des *Catilinaires* de Cicéron. Il avait fait paraître seulement, sous son nom, la traduction d'un ouvrage philosophique du grand orateur de Rome.

Treize ans plus tard, son père tombe dangereusement malade ; il part de suite en Franche-Comté, pour lui donner les derniers soins. Par un de ces faits bien rares, l'Académie française, dérogeant à l'usage, le reçoit à l'unanimité, sans s'occuper de son absence ; c'était le plus bel hommage qu'elle pût rendre à la modestie et au talent de l'abbé d'Olivet. A son retour à Paris, il fit son discours de réception, qui roula sur les causes de la décadence du goût à Rome ; bien des gens trouvèrent qu'il visait plus Paris que la ville éternelle.

L'Académie lui confia l'honneur de continuer son histoire ; il s'en tira si bien que Pellisson, qui s'y connaissait, disait que ce travail était un chef-d'œuvre.

Ses nombreuses occupations finirent par altérer sa santé, il fut obligé de voyager pour se rétablir ; il choisit Bruxelles, où son ami Jean-Baptiste Rousseau était en exil ; d'Olivet revint bientôt reprendre ses chers travaux, c'est alors qu'il composa sa *prosodie*, œuvre que Voltaire jugeait ainsi :

La prosodie française est un ouvrage qui subsistera autant que la langue française.

Le grand Jean-Jacques Rousseau lui écrivait :

« J'ai reçu votre traité de la prosodie ; ce
» livre m'a paru extrêmement bon et d'autant
» plus utile, que la chose qui manque pré-
» sentement à notre langue est une méthode
» sûre pour apprendre aux étrangers à la
» bien prononcer, ce qui ne se peut que par
» des observations telles que les vôtres, mu-
» nies de l'autorité d'un corps comme l'Aca-
» démie. »

Des appréciations pareilles n'ont pas besoin de commentaires.

D'Olivet travailla activement à la révision du dictionnaire dont l'Académie préparait l'édition ; en 1738, il publia des remarques grammaticales sur *Racine*. Il allait commencer le même travail sur *Boileau*, quand il reçut la proposition du ministère anglais de publier les œuvres complètes de son maître chéri *Cicéron*. D'Olivet communiqua la chose au cardinal Fleury, avec lequel il était lié, lui disant qu'il préférait consacrer ce travail à la France, en le dédiant au Dauphin. Cette immense œuvre parut en 1742. Le roi lui accorda une pension de 1500 livres sur sa cassette : Prix modique de ses peines, dit d'Alembert, peu touché de la générosité de Louis XV.

L'abbé d'Olivet avait une belle figure franc-comtoise ; l'œil vif, le front large, quoique un peu fuyant, le nez mince, gros à l'extrémité et légèrement fendu ; la bouche était grande avec des lèvres spirituelles et mordantes ; ce tout encadré dans une perruque, lui donnait une physionomie peu commune.

Son caractère était encore plus franc-comtois que sa figure. Brusque, franc jusqu'à la dûreté, mordant, railleur, il s'était attiré pas mal d'ennemis par ce caractère indépendant et cette franchise peu commune sous le règne où il vivait. L'homme était à la hauteur du savant, et à mes yeux c'est une grande chose, souvent trop rare parmi les hommes de lettres.

Il encourut les railleries de Piron, qui ne pouvait lui pardonner son échec à l'Académie. Voici la petite pièce :

> Ci-gît maître Jobelin,
> Suppôt du pays latin,
> Juré peseur de diphthongue,
> Rigoureux au dernier point
> Sur la virgule et le point,
> La syllabe brève et longue,
> Sur le tiret contigu,
> Sur l'accent grave et l'aigu,
> L'U voyelle et l'U consonne,
> Ce charme qui l'enflamma
> Fut sa passion mignonne,
> Son huile il y consuma.
> Du reste il n'aima personne,
> Personne aussi ne l'aima.

L'abbé d'Olivet étant d'une famille qui tenait un haut rang dans la magistrature, il eut l'honneur d'en faire partie comme conseiller honoraire de la Chambre des Comptes de Dole.

Pendant le cours de sa longue carrière, il eut les plus belles relations qu'on puisse trouver : Jouvancy, Mancroix, Mabillon, Boileau, Bouhier, Oudin, de la Monnoye, le cardinal Fleury, J.-B. Rousseau, J.-J. Rousseau, Rollin, Batteux, et Frédéric le Grand, qui s'adressa à lui pour trouver un professeur de grammaire pour son école militaire de Berlin. Il fut reçu à Londres par Newton et Pope comme il avait été reçu à Rome par Clément XI, avec grande estime.

Mais le plus grand honneur qu'eut d'Olivet fut d'avoir dirigé Voltaire dans ses premières études et de l'avoir reçu à l'Académie. Aussi le défenseur de Calas et des serfs du Jura n'oublia-t-il jamais son *maître*, comme il l'appelait, et toute sa vie il lui témoigna le plus sincère attachement et le respect le plus profond.

D'Olivet vivait avec peu, aussi laissa-t-il une assez belle fortune ; sous un aspect sévère, il avait le cœur excellent, jamais il ne demanda rien pour lui, mais vivant dans l'intimité du cardinal Fleury et de l'évêque de Mirepoix, il obtenait, pour ses protégés, tout ce qu'il voulait ; faisant par là mentir les vers de Piron.

Durant sa longue existence, il travailla beaucoup, fit paraître énormément de traductions, d'œuvres originales et de petits écrits ; les dernières années de sa vie, il fut obligé de renoncer à ses chères études et il mourut à l'âge de 85 ans, d'une attaque d'apoplexie, le 8 octobre 1768, à Paris.

Salins donna son nom à une de ses rues et bientôt lui élèvera un monument, sur une de ses fontaines publiques.

L'abbé d'Olivet a laissé sur sa ville natale une idylle en latin ; comme bien des gens sont comme moi, ne sachant pas cette langue, quoique ayant passé bien des années sur les bancs des colléges, je me contenterai de vous en donner l'analyse, d'après une traduction.

ORIGINE DE SALINS.

« La blanche Phyllodoce accouche secrètement, dans une grotte, sur les bords de la mer, d'une fille ; il paraît que c'était l'œuvre de M. Phébus, autrement dit le Soleil, lequel est l'inventeur du sel, puisqu'il *dessèche l'onde noire de la mer* ; pour cette raison, il appela sa fille : *Salina*.

» Chaque année, le vaste Océan donnait un festin pour célébrer la naissance de Vénus ; les Fleuves, les Dieux, enfin tout le monde y était invité. La belle Salina, qui était devenue grande, voulut faire un cadeau à la mère des Amours ; elle lui offrit du sel *réduit en une neige dont les grains pulvérisés offraient l'image du sucre*. Vénus enchantée, pour récompenser la jeune fille, lui donna une branche de myrte ; et la belle Salina devint si belle, si belle, que les Amours ne voulurent plus la quitter, et que le vieux père le *Doubs* tomba si amoureux, qu'il oublia de verser son urne.

» Au milieu du dîner, l'Amour, toujours gourmand, demanda du sucre pour en saupoudrer des fraises. Neptune qui est né malin, lui donna du sel, qui *offrait l'image du sucre*, vous comprenez le reste : pleurs, grimaces, trépignements du gamin ; courroux de la maman. Furieux, le bambin prend son arc, en décoche une flèche à Neptune et une autre à la belle Salina, puis se sauve, en leur disant : Débrouillez-vous.

» La belle aime à la folie ce brave *Doubs* qui va l'épouser par-devant M. le maire. Neptune, ce vieil amoureux, furieux de se voir mépriser, s'écrie : tu préfères un autre, *tu deviendras une source, mais tu fuiras toute société avec l'eau douce*, et il frappe la terre de son trident, la divine Salina, *entre les bras de son époux, se dissout insensible-ment et sous la roche creusée devient une source d'eau salée.*

» Papa Phébus qui a tout vu, en est désolé ; ne pouvant rendre la vie à sa fille chérie, il lui promet *que sa source sera honorée*, qu'une ville se bâtira à ses côtés, qu'elle portera son nom et que le sel qu'elle fabriquera sera meilleur que celui de la mer, ce qui vexera Neptune ; pour finir, il lui dit : *La gloire de ton origine et tes destins seront chantés par les poètes de l'avenir.* »

Si j'ai parlé de cette petite pièce de vers, faiblesse d'un homme de talent qui s'est laissé aller au mauvais goût de son époque, cela n'empêchera pas de regarder toujours l'abbé d'Olivet comme un des hommes les plus éminents de ce brillant 18me siècle, et Salins devra toujours être fière de lui avoir donné le jour.

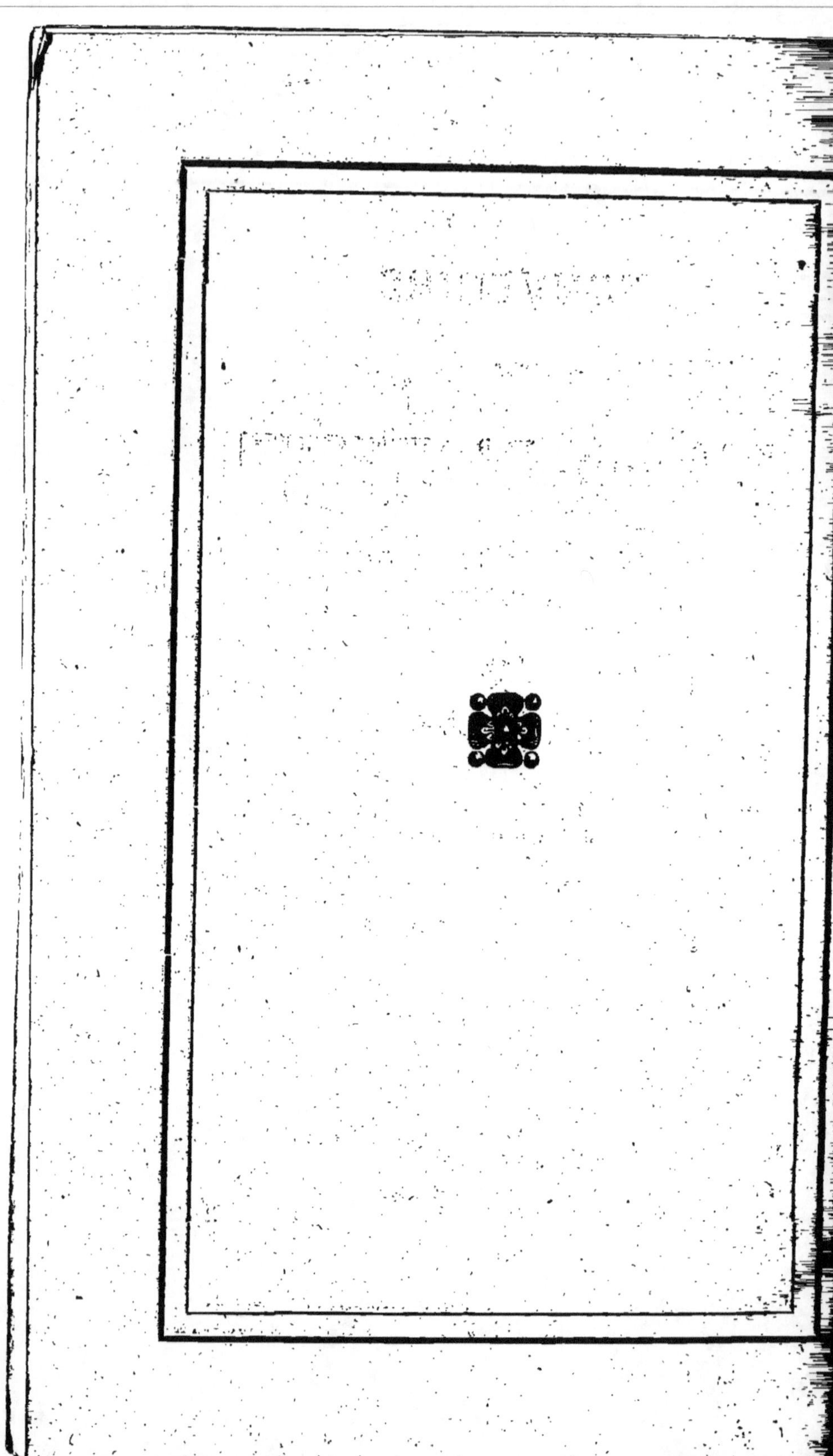